Choses Difficiles Que Nous Faisons

LABYRINTHE ADULTE

ActivityCrusades

Publié par Speedy Publishing Canada Limited

3

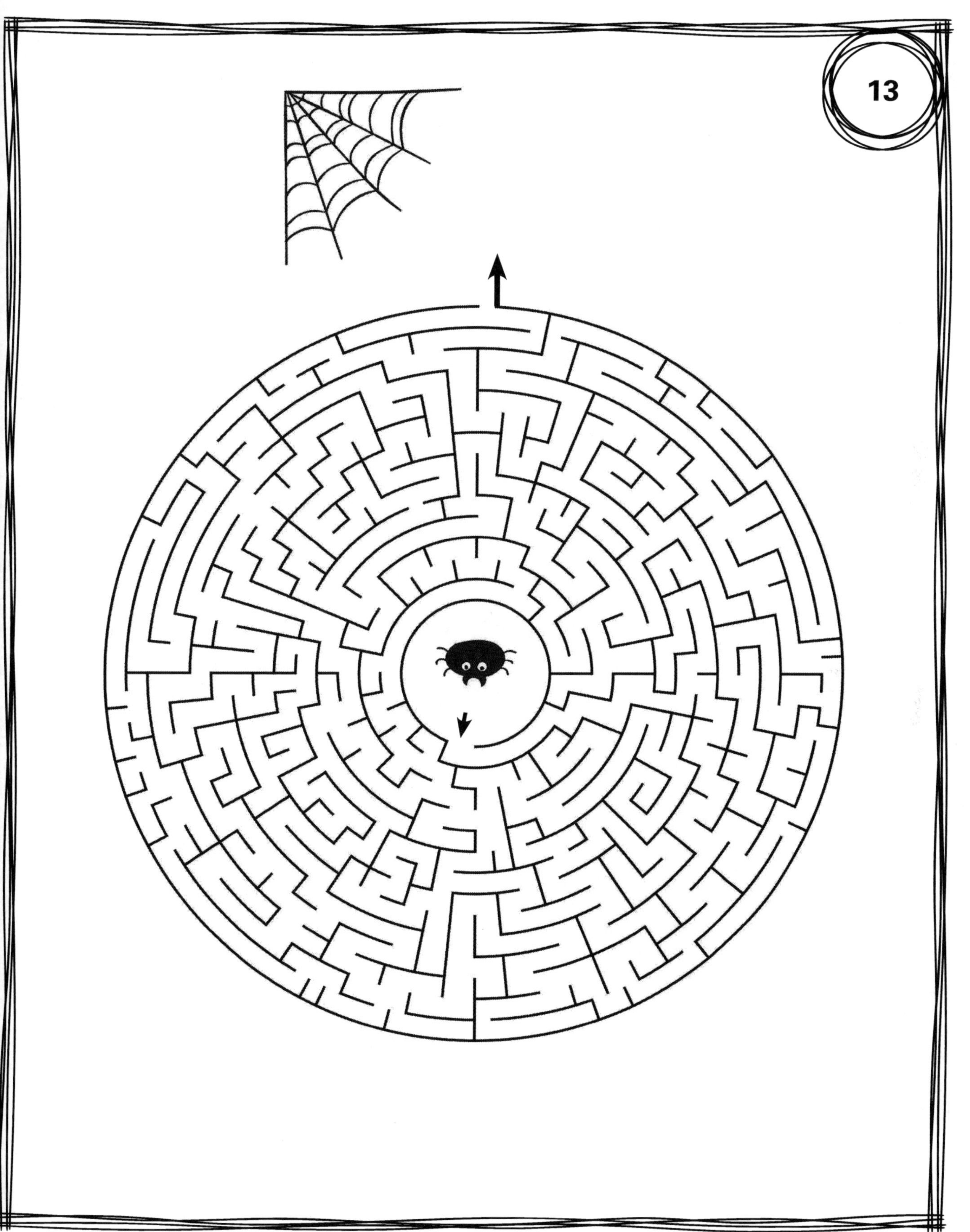

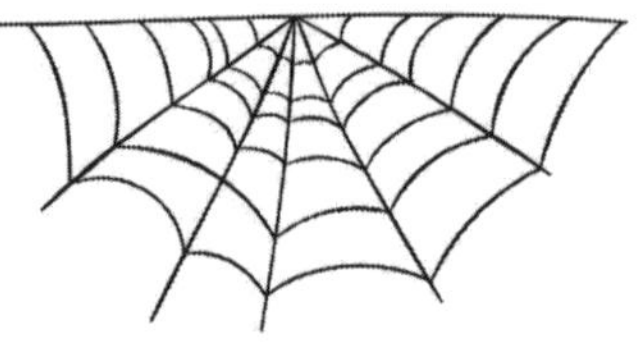

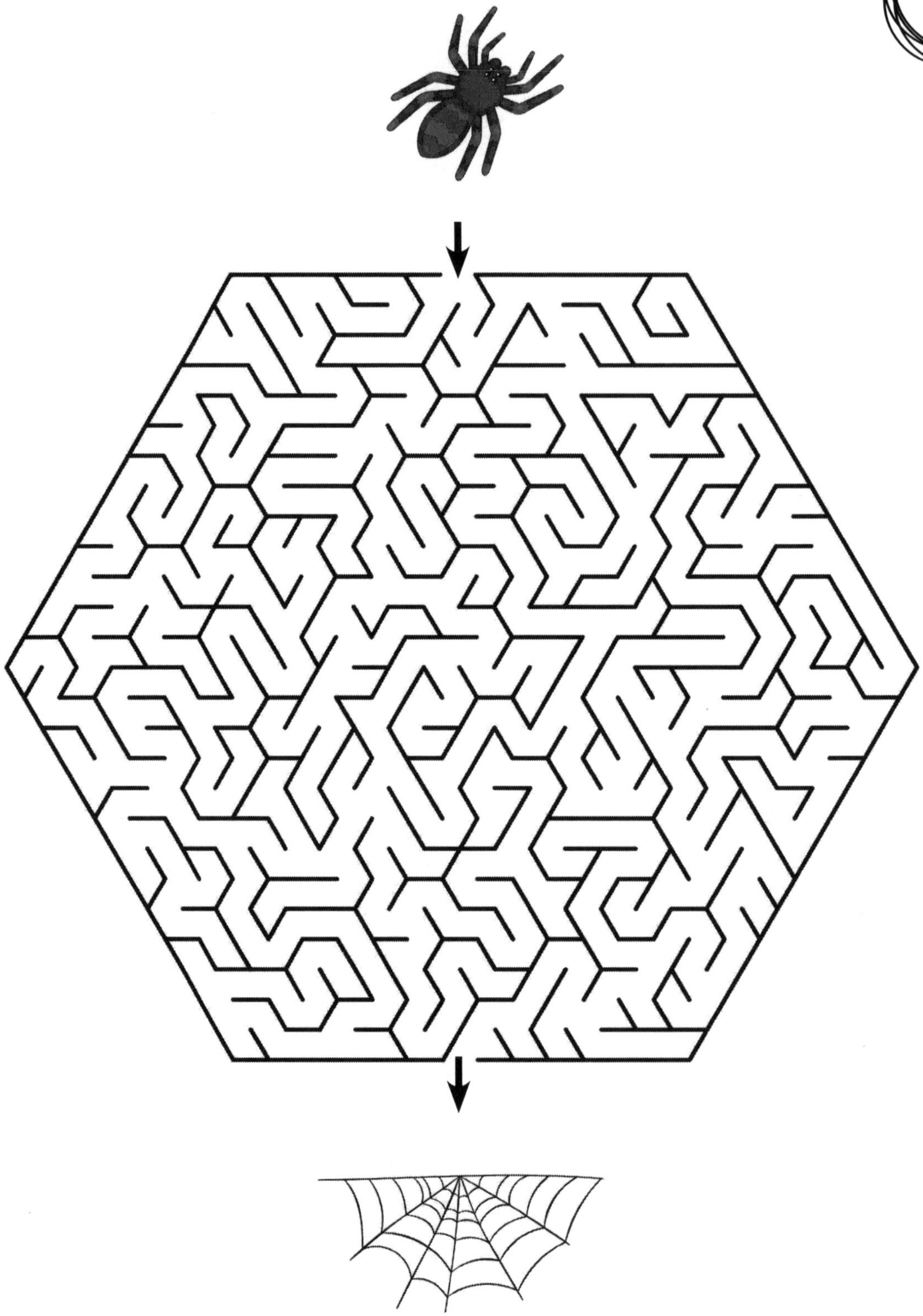

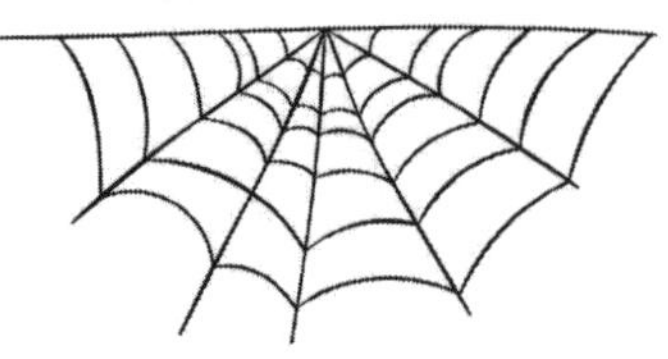

31

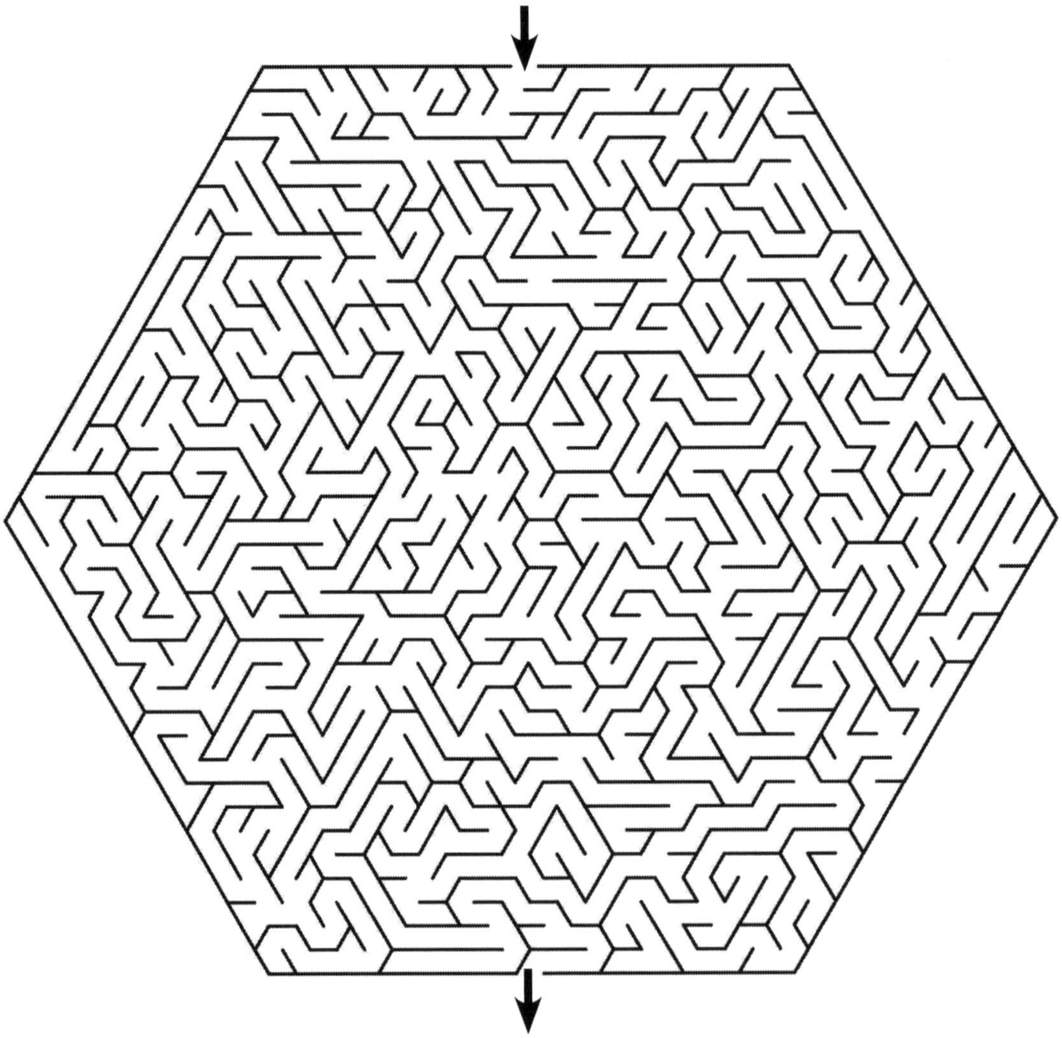

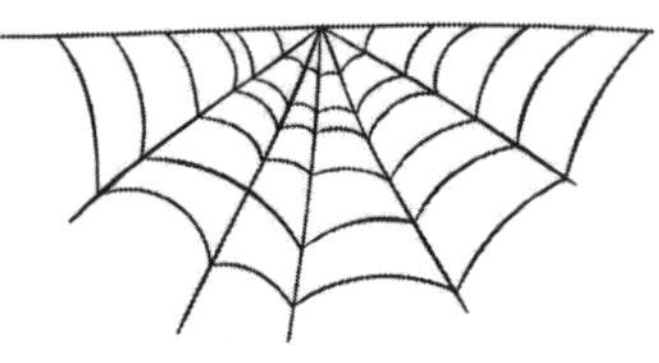

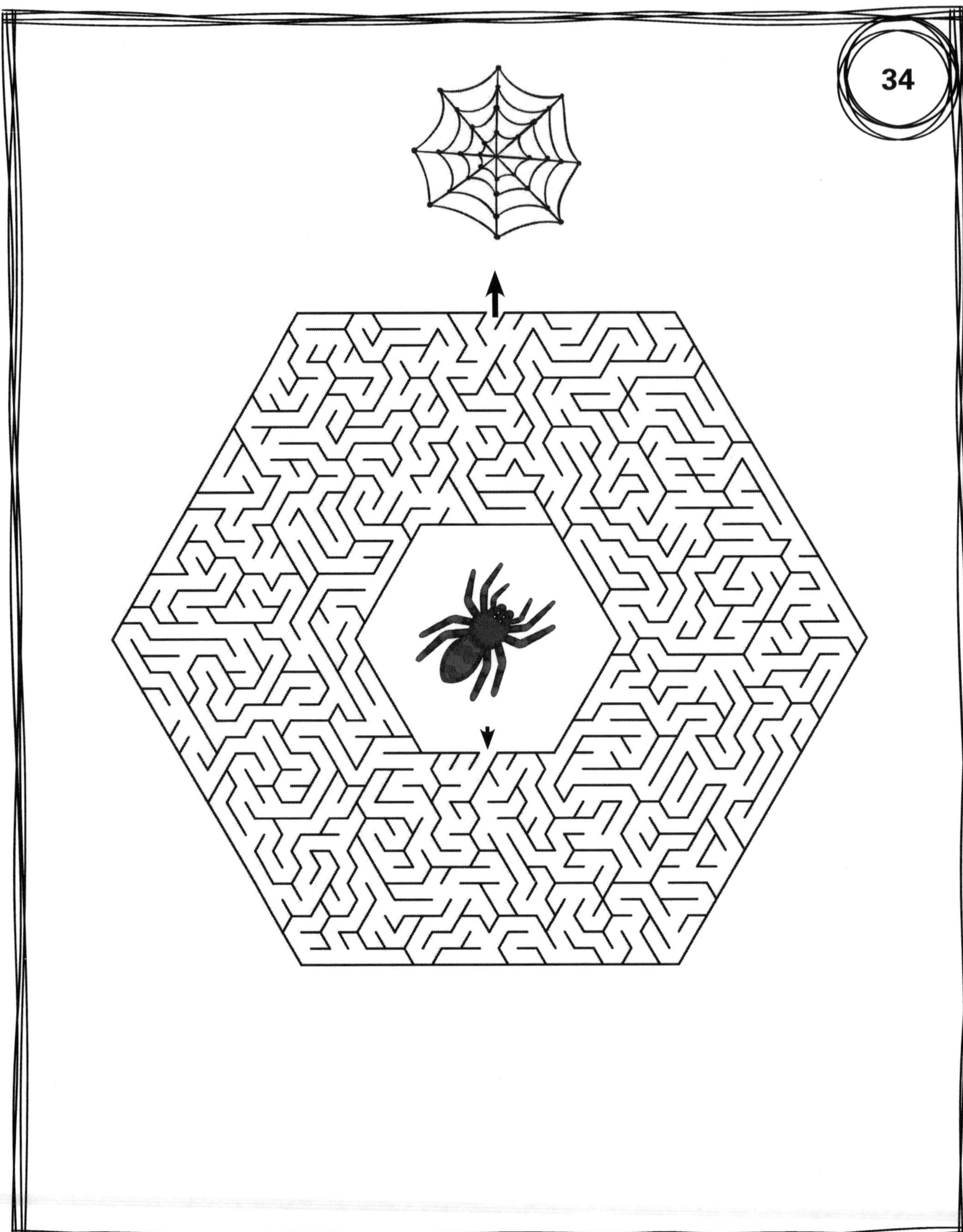

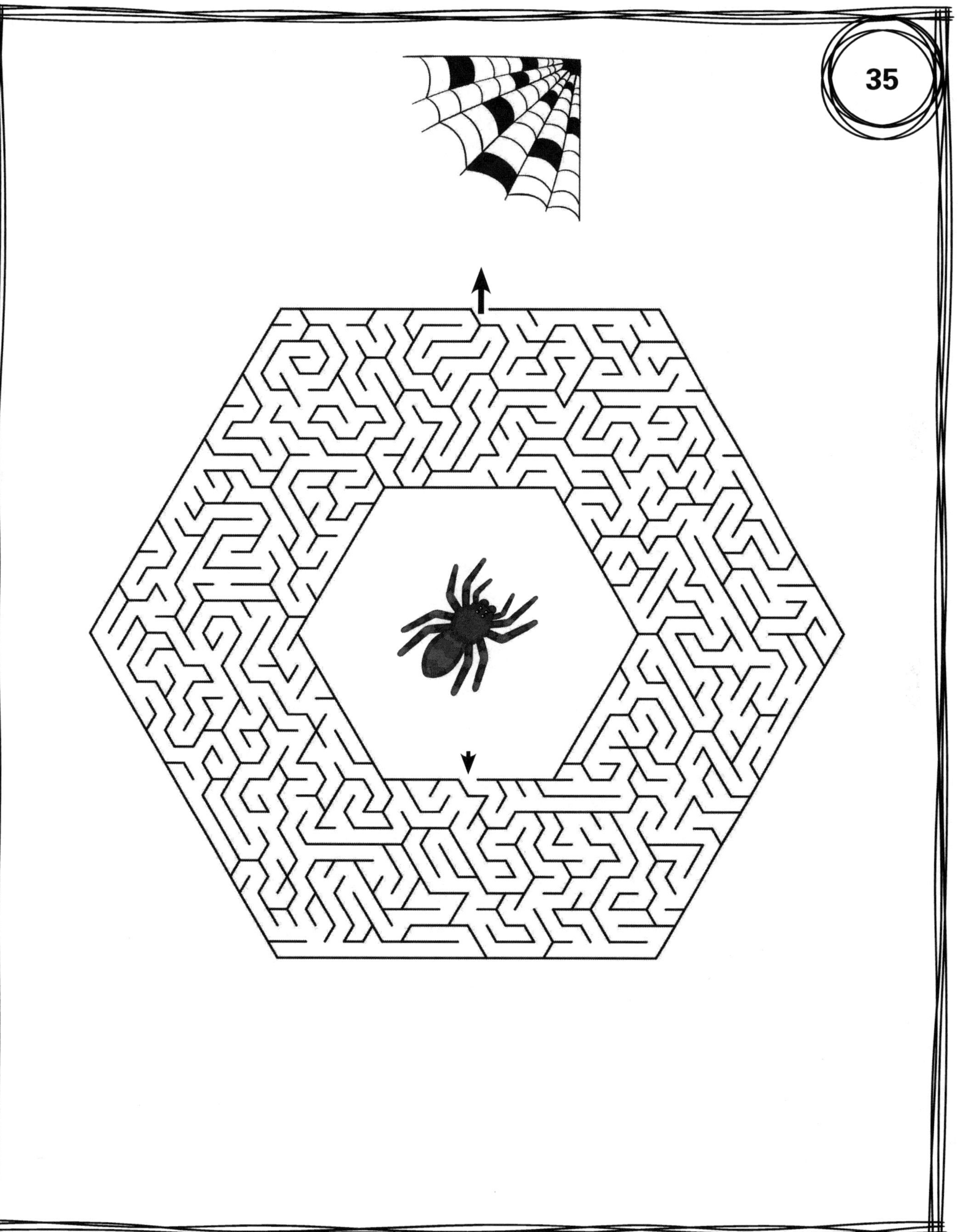

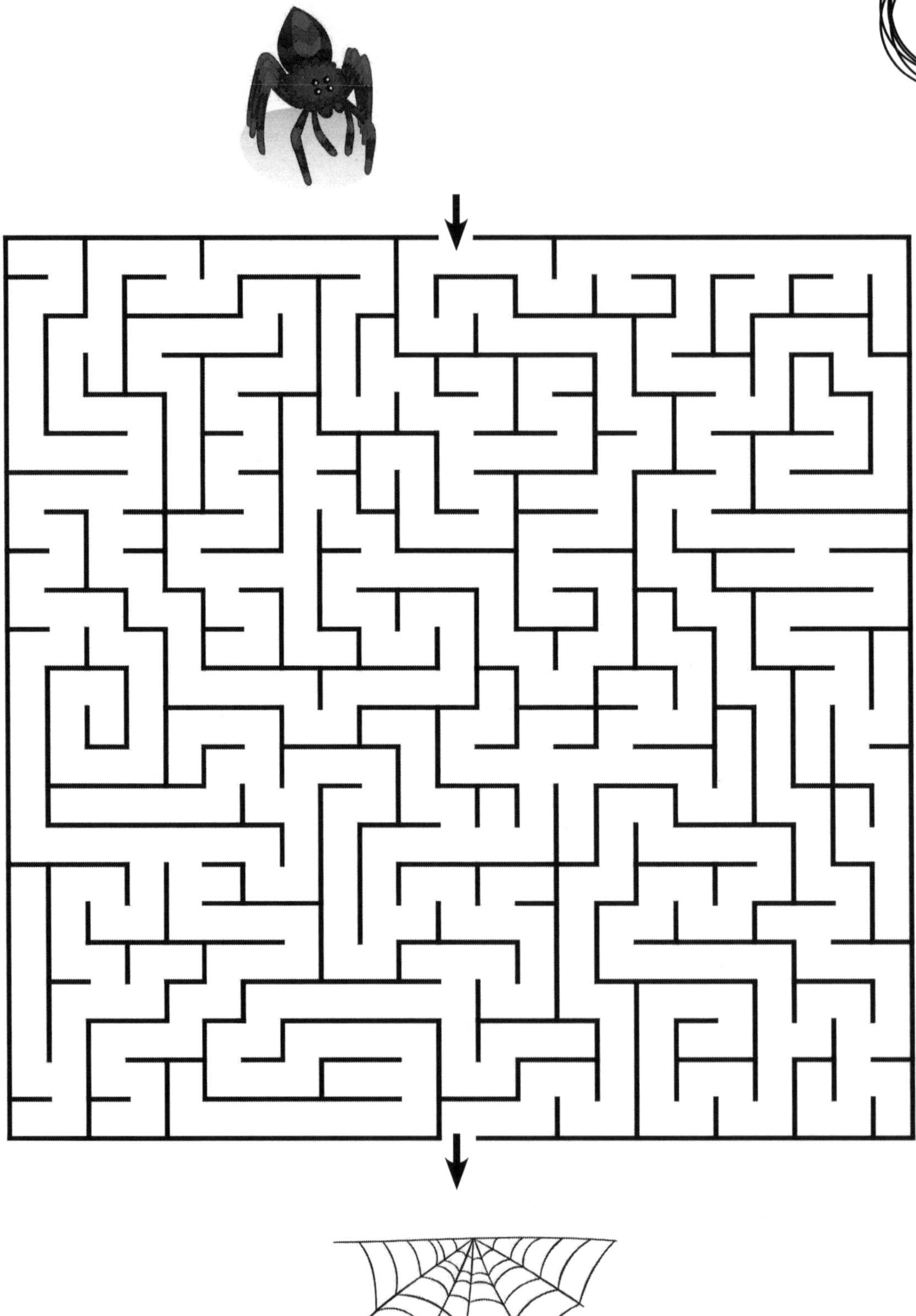

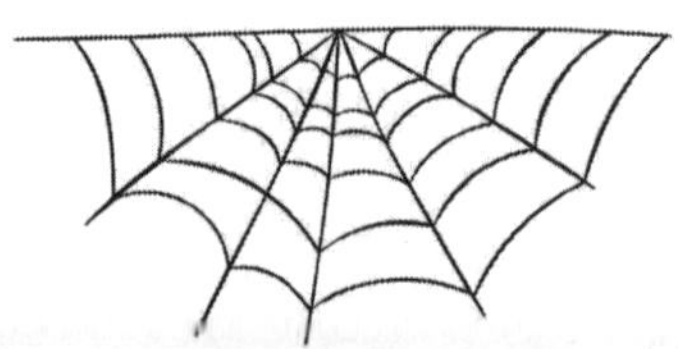

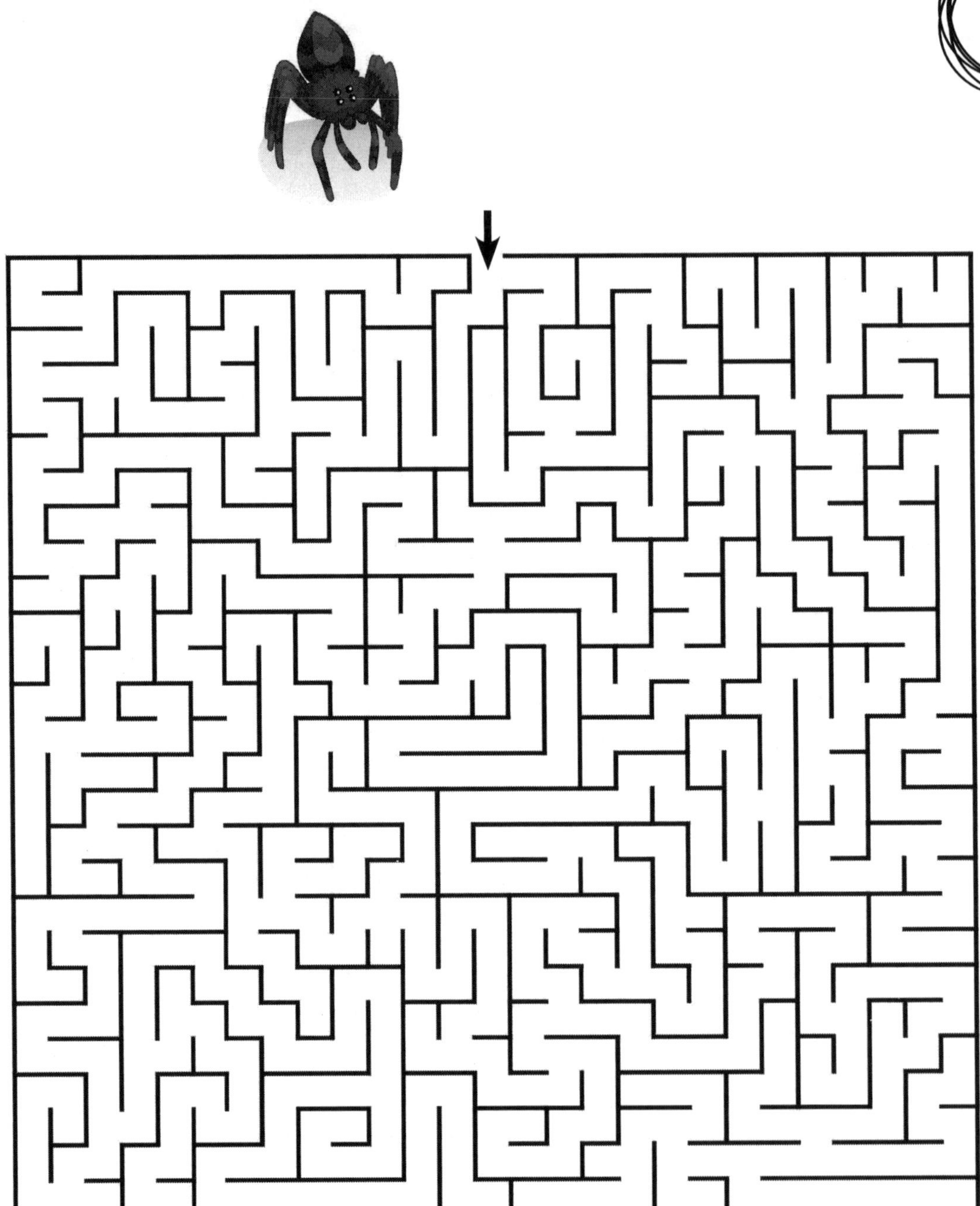

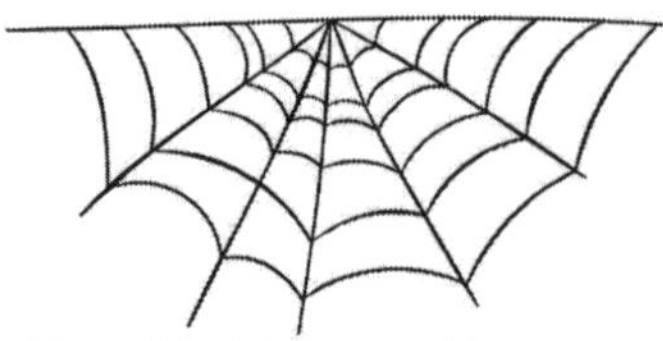

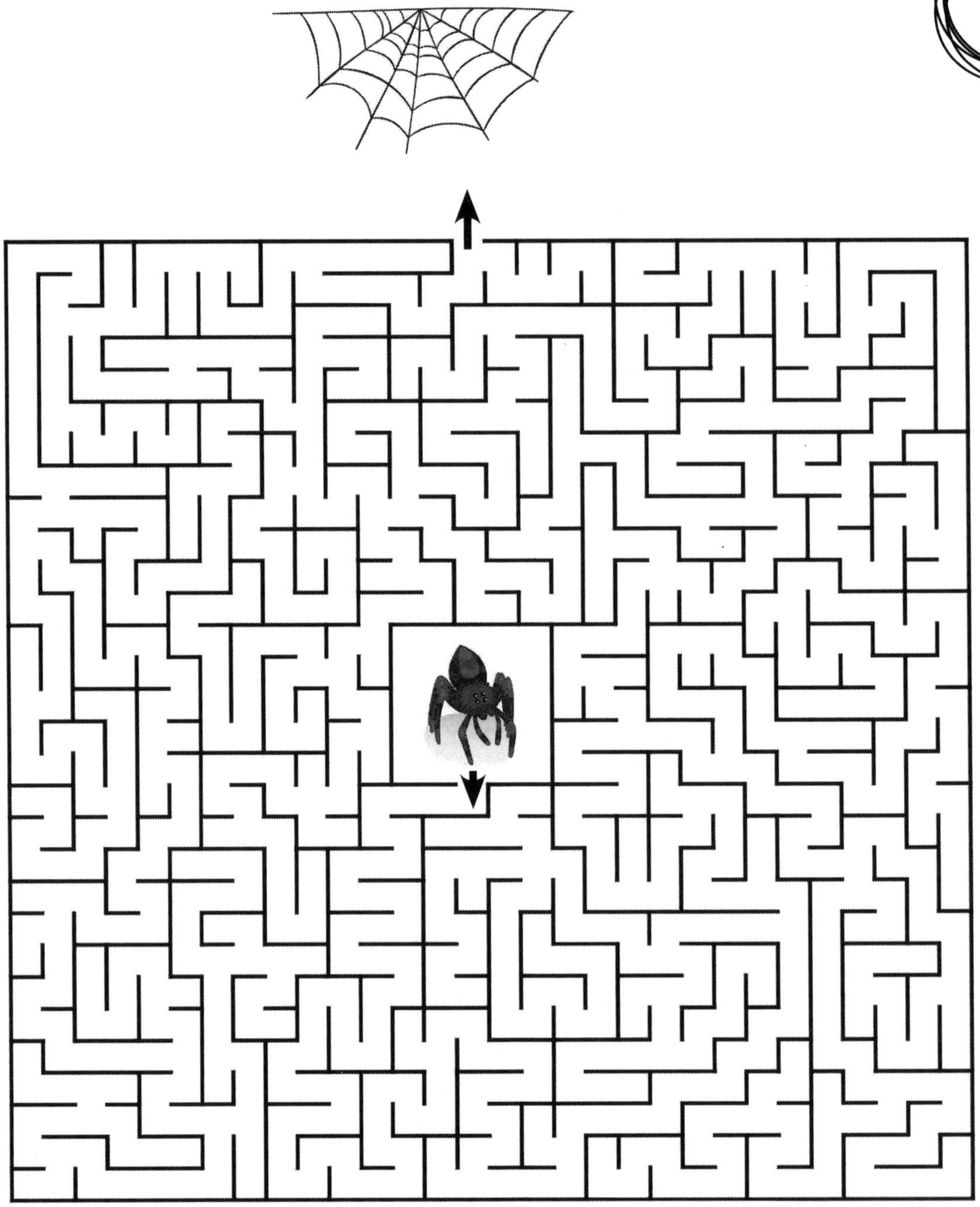

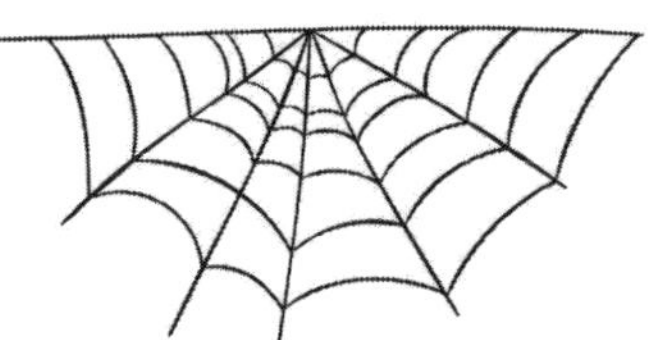

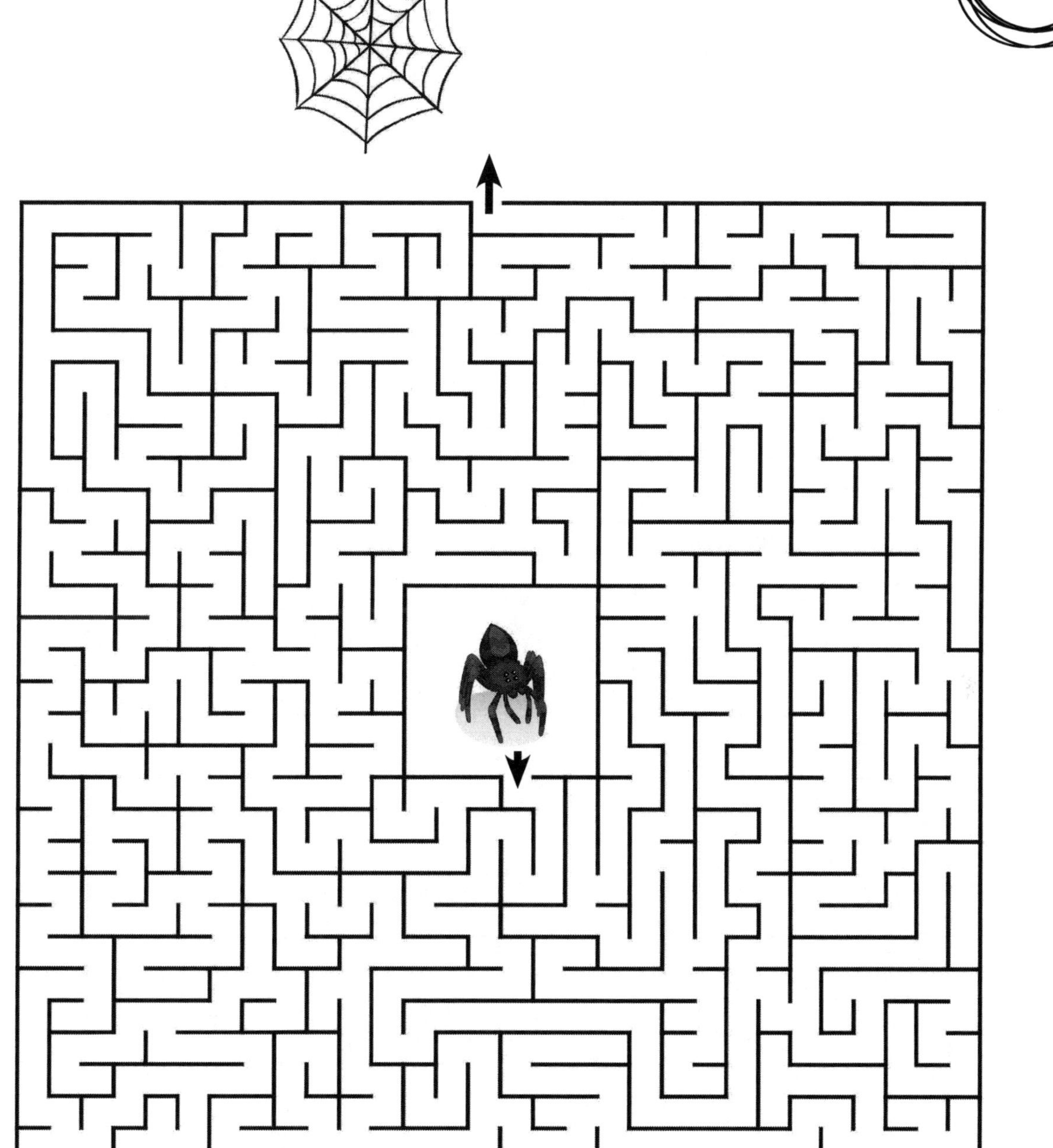

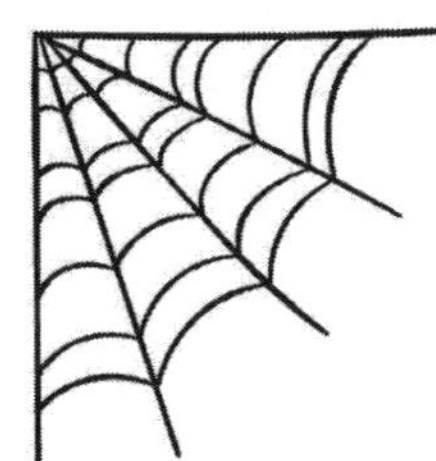

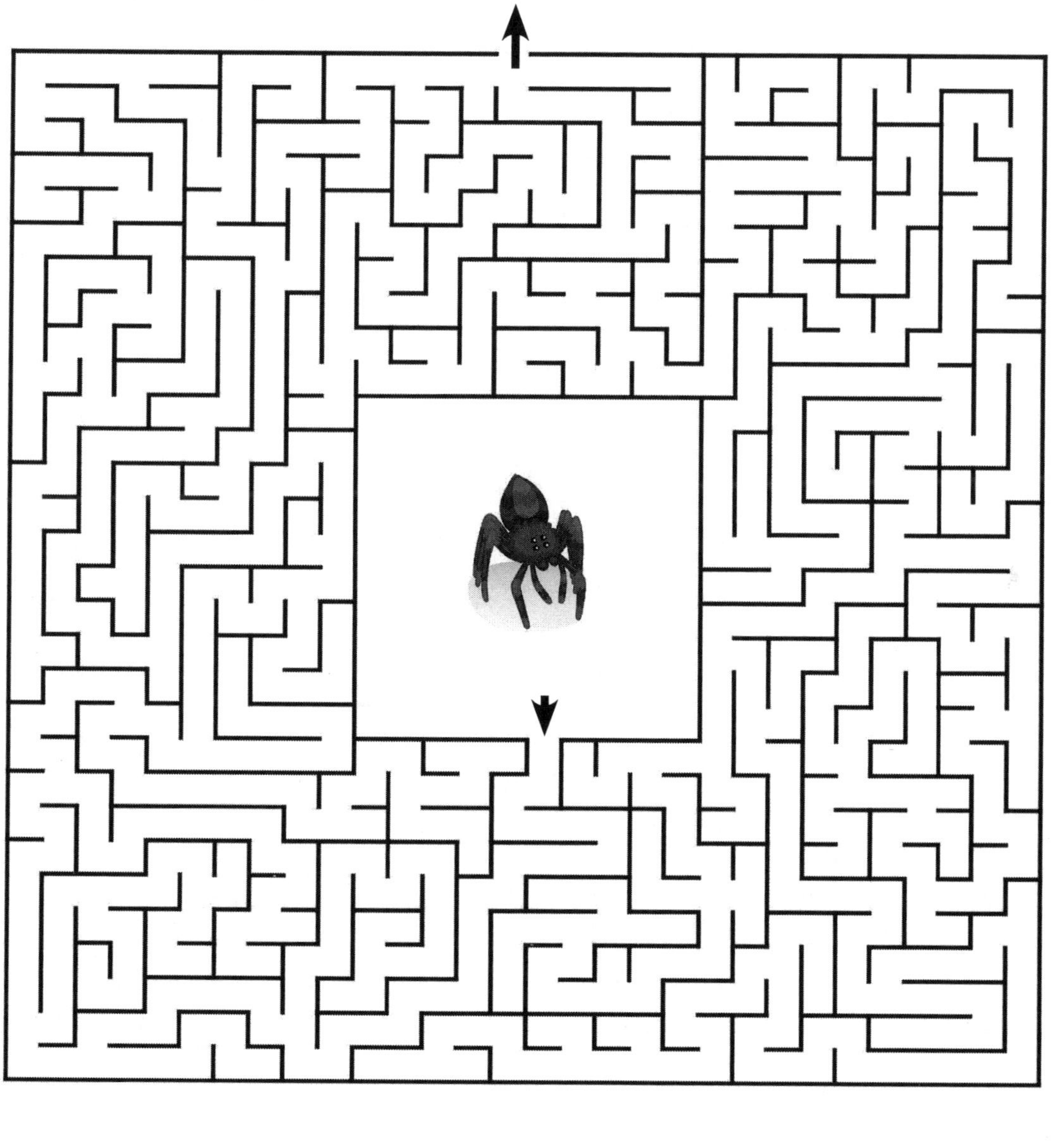

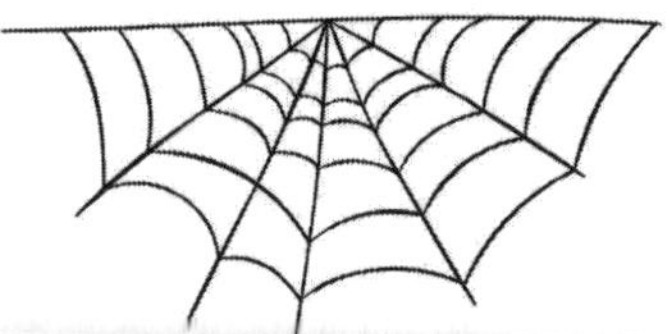

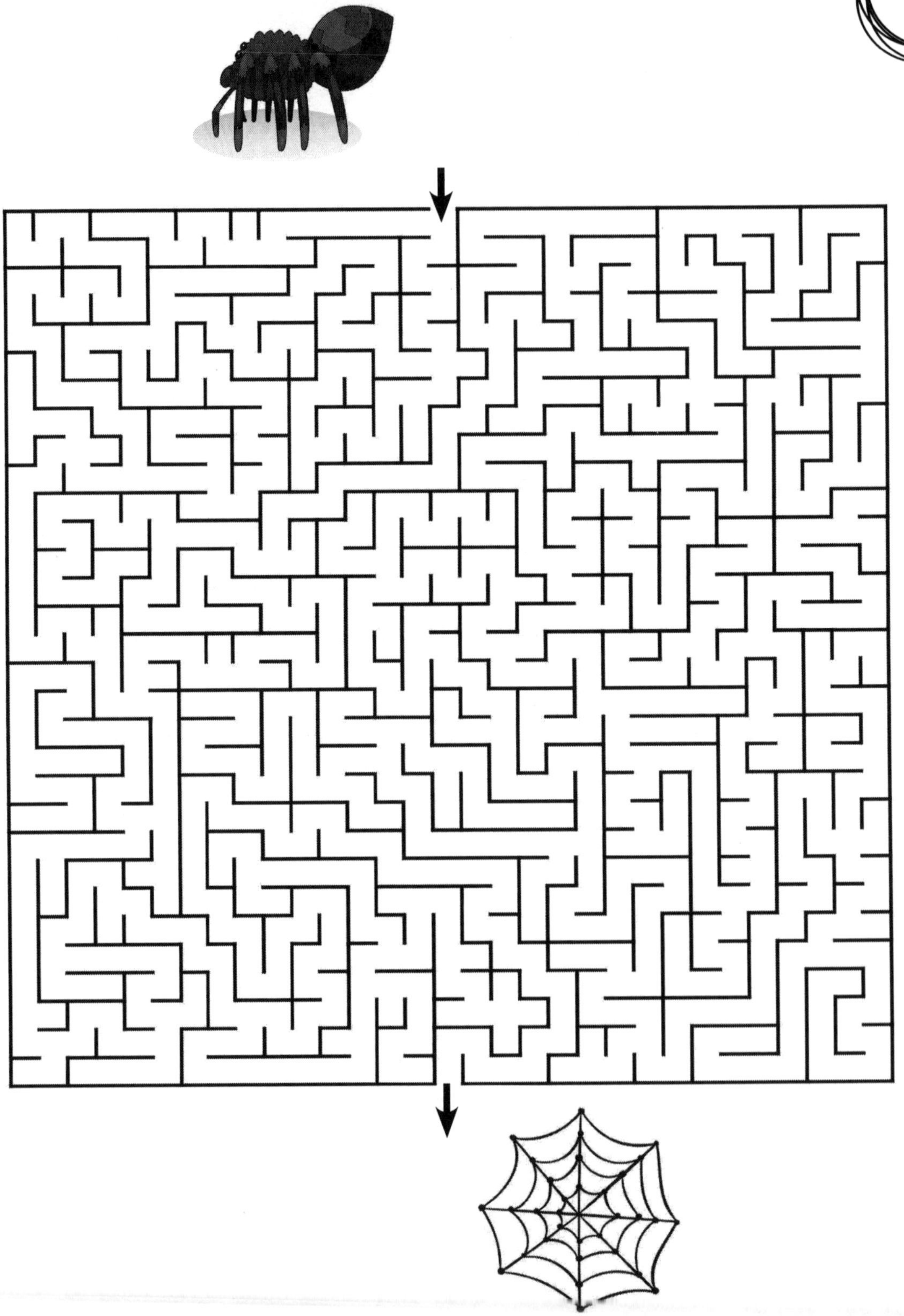

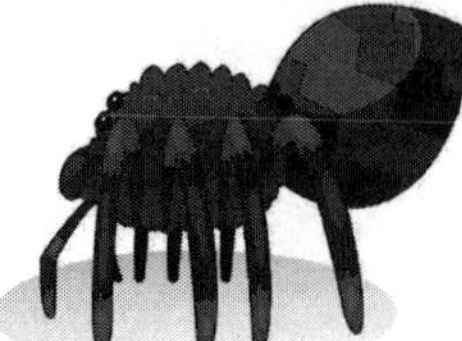

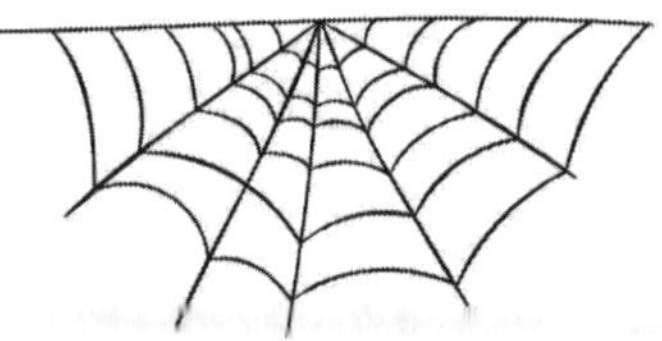

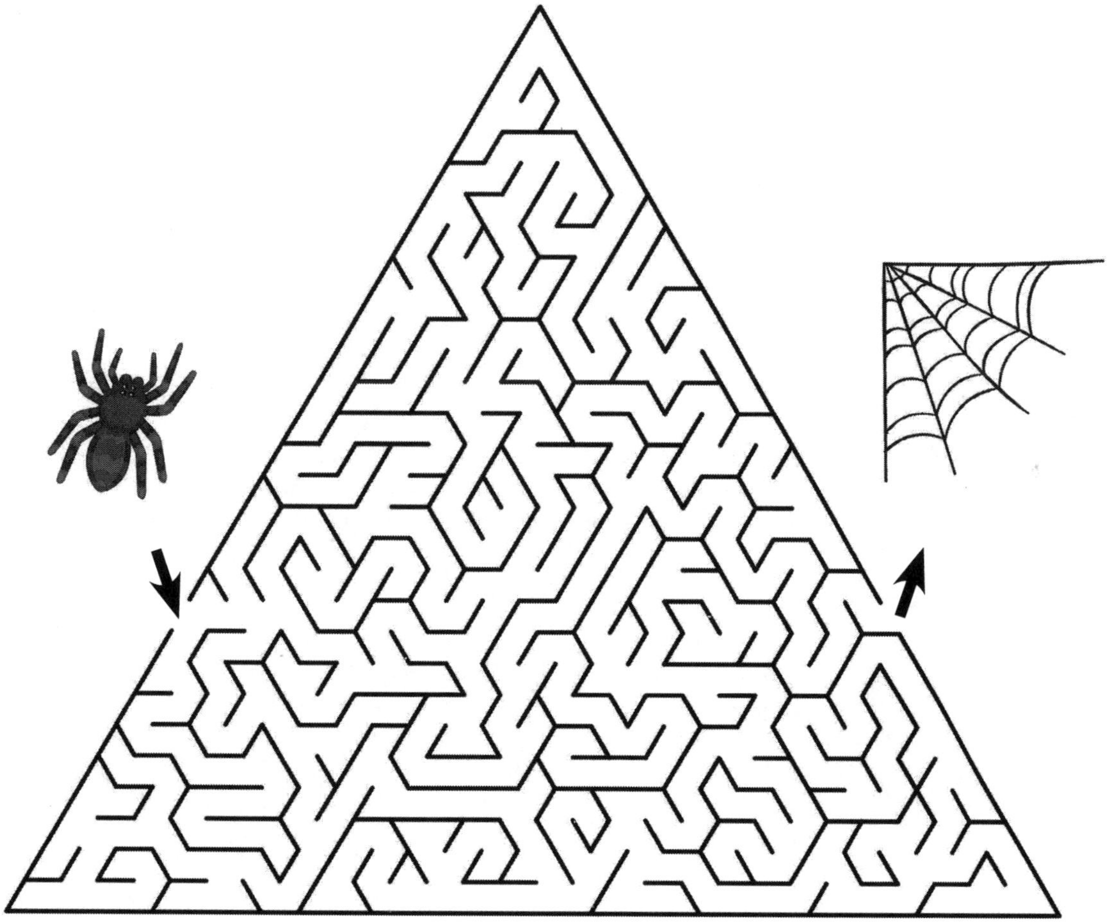

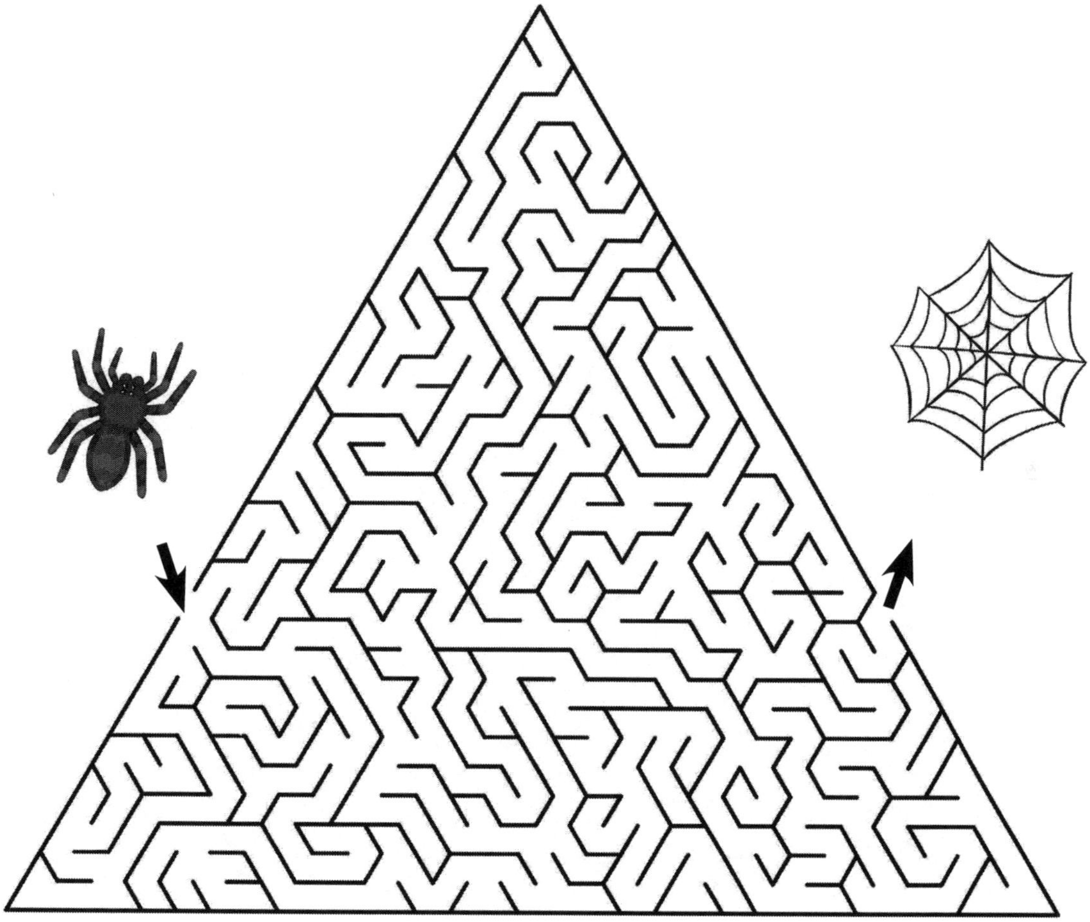

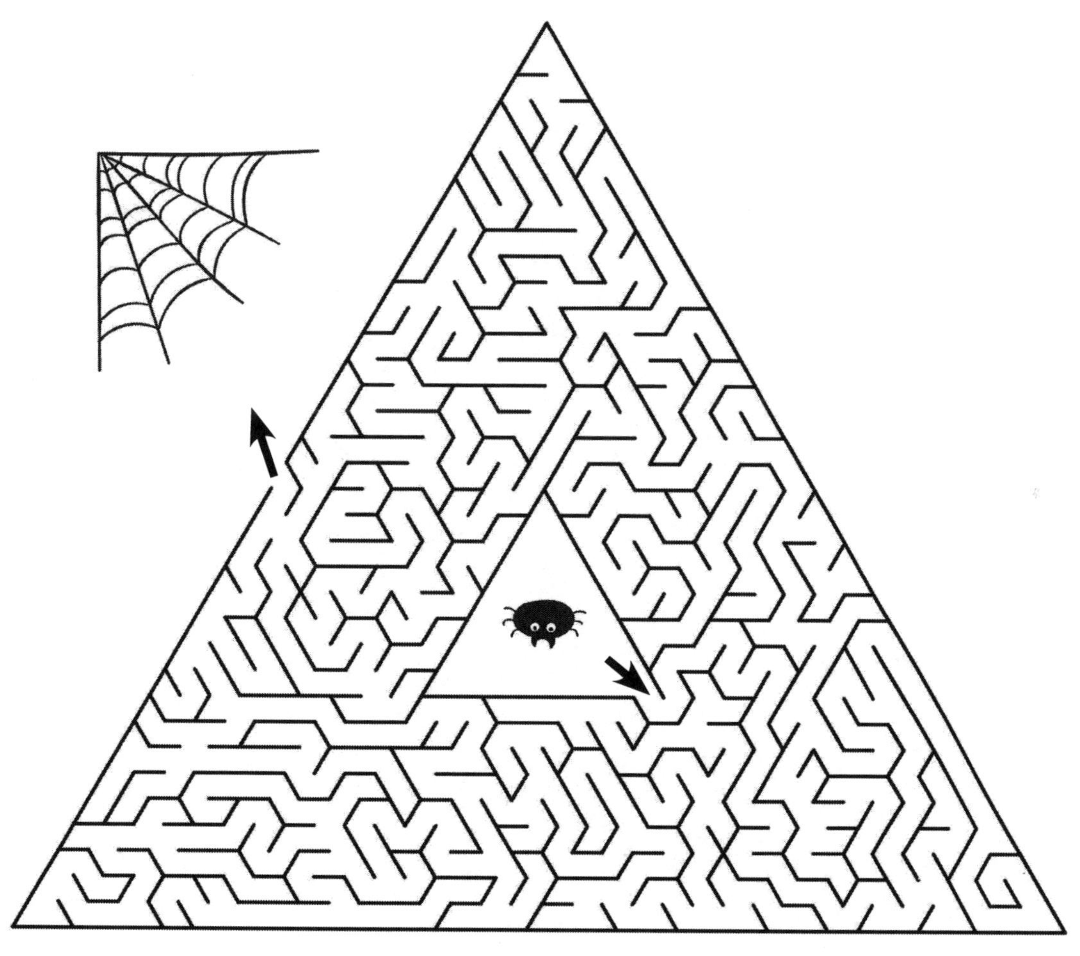

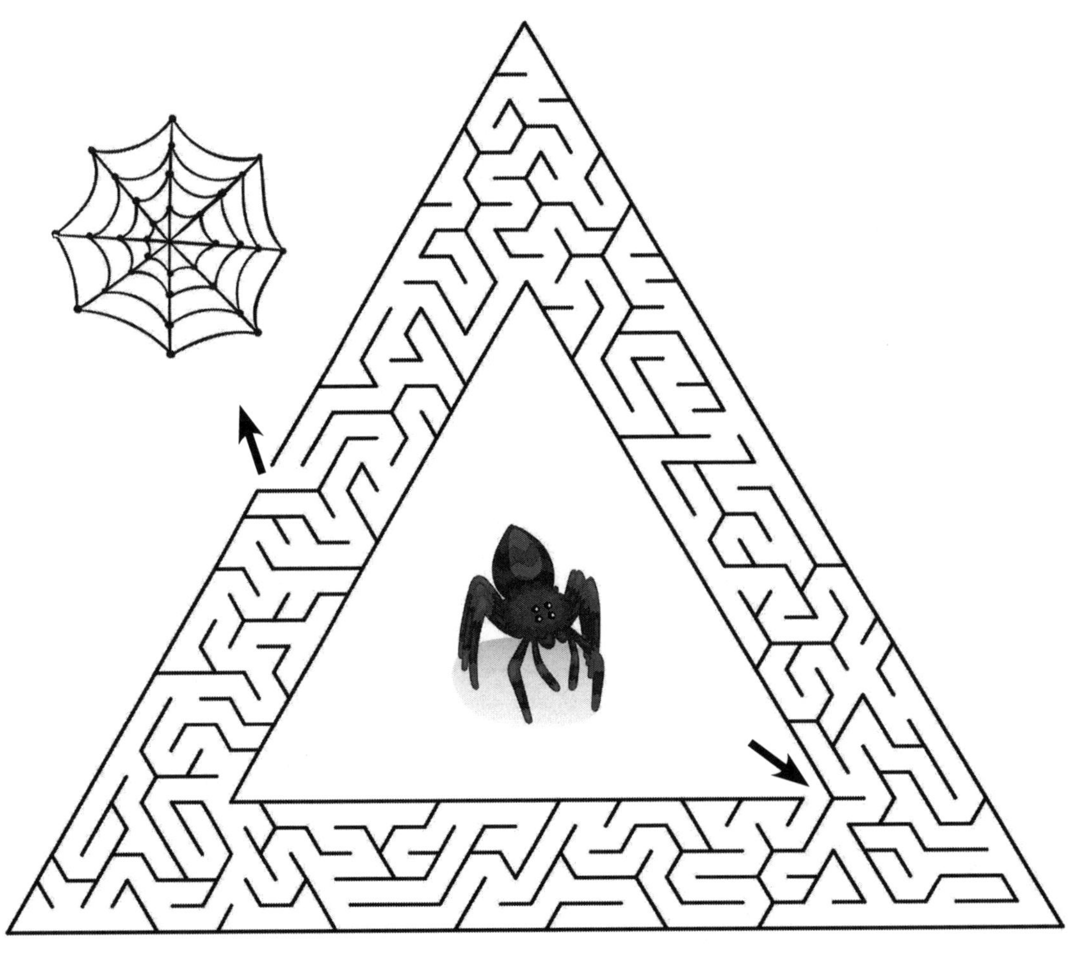

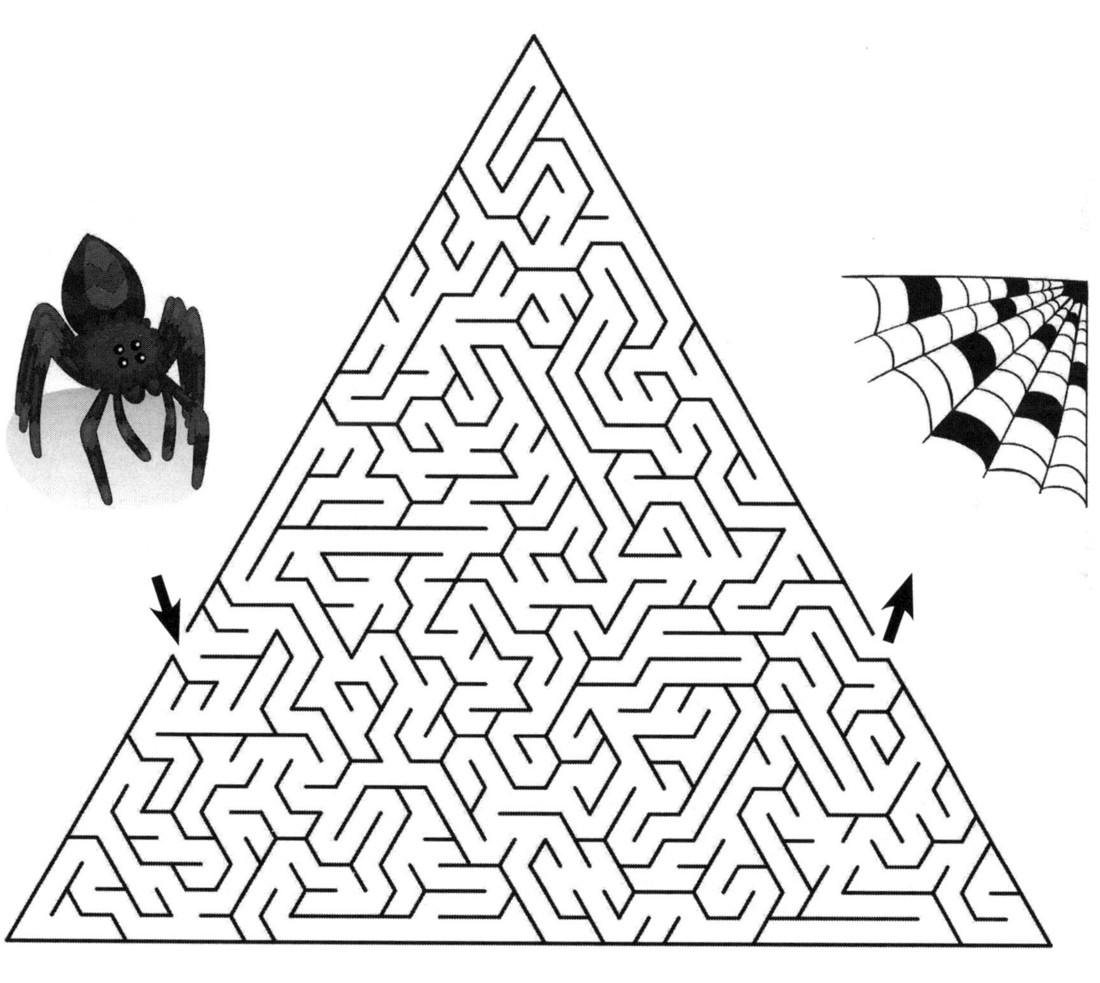

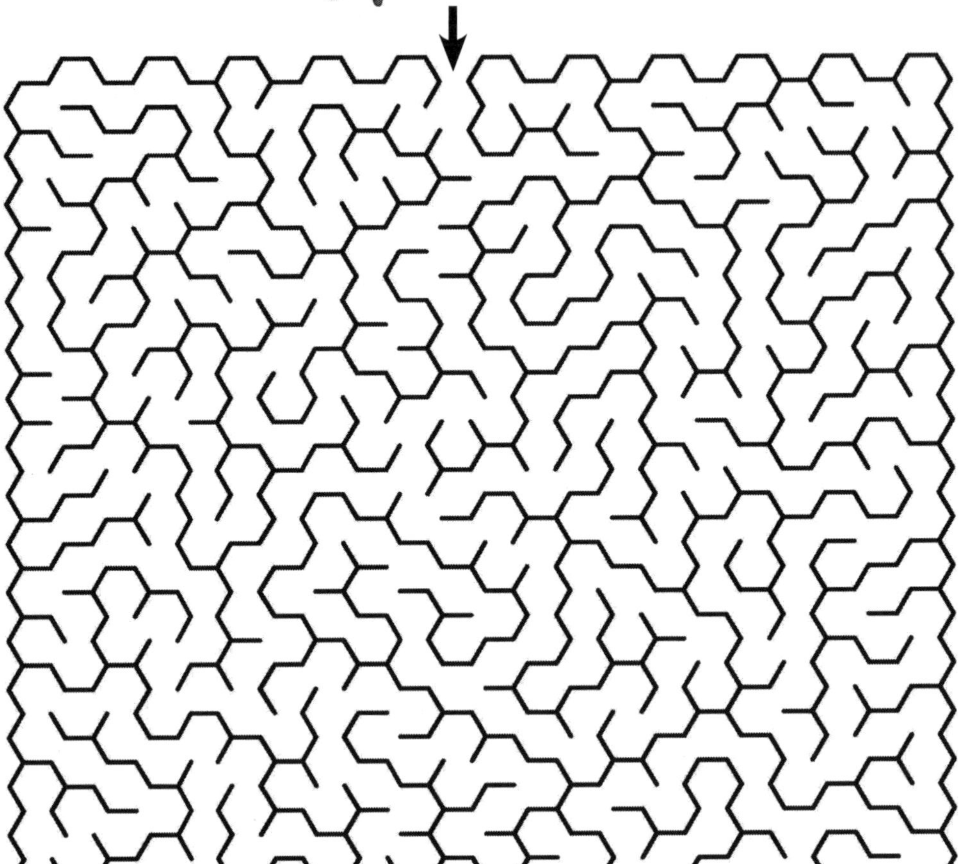

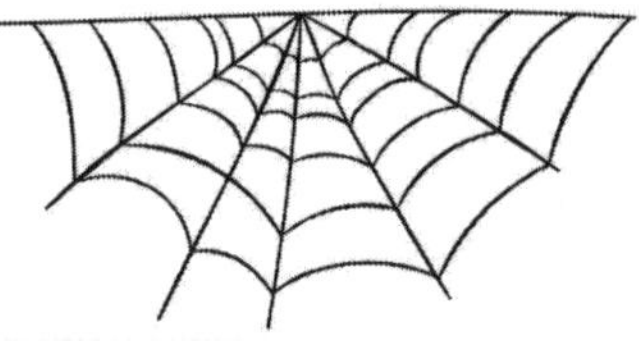

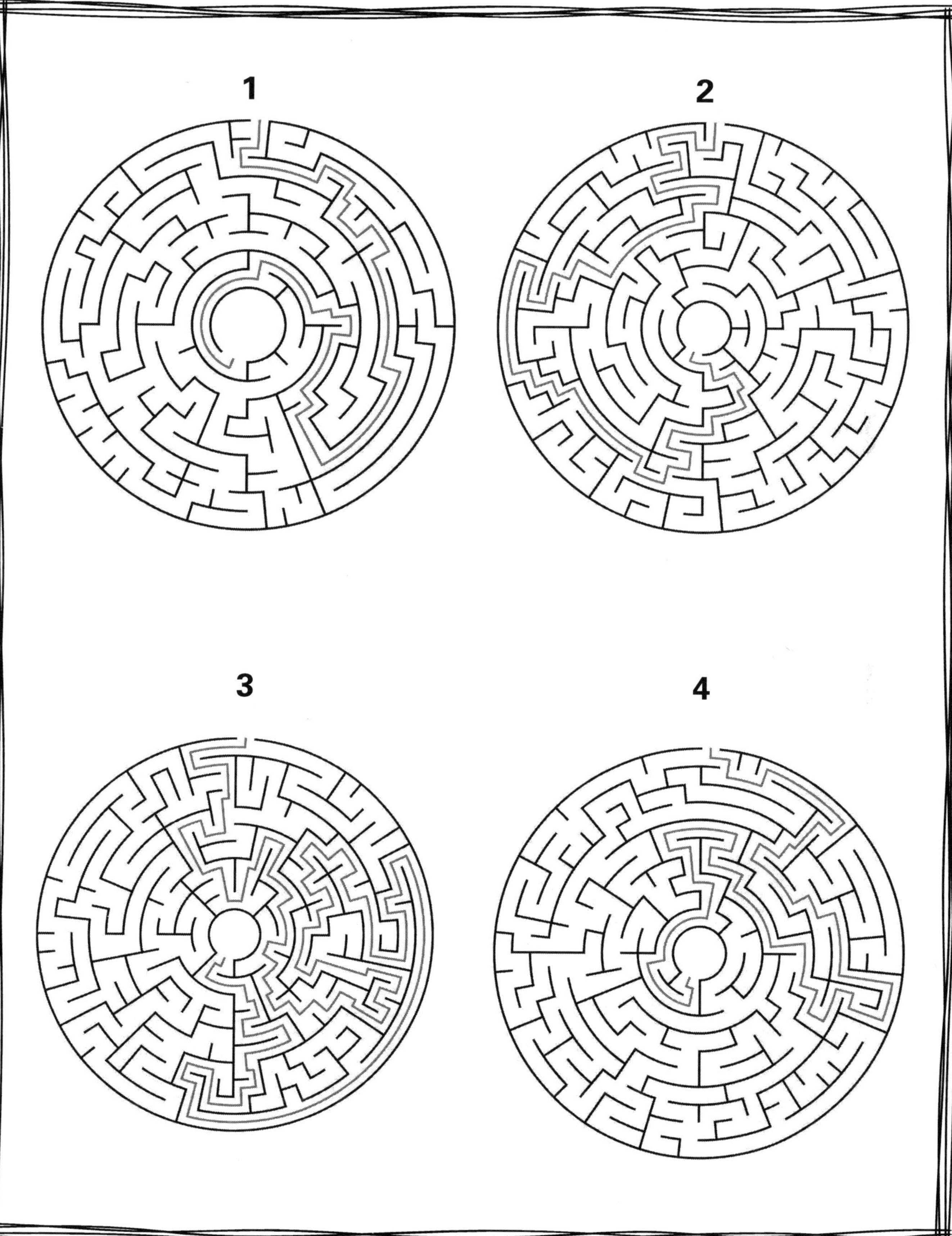

1
2
3
4

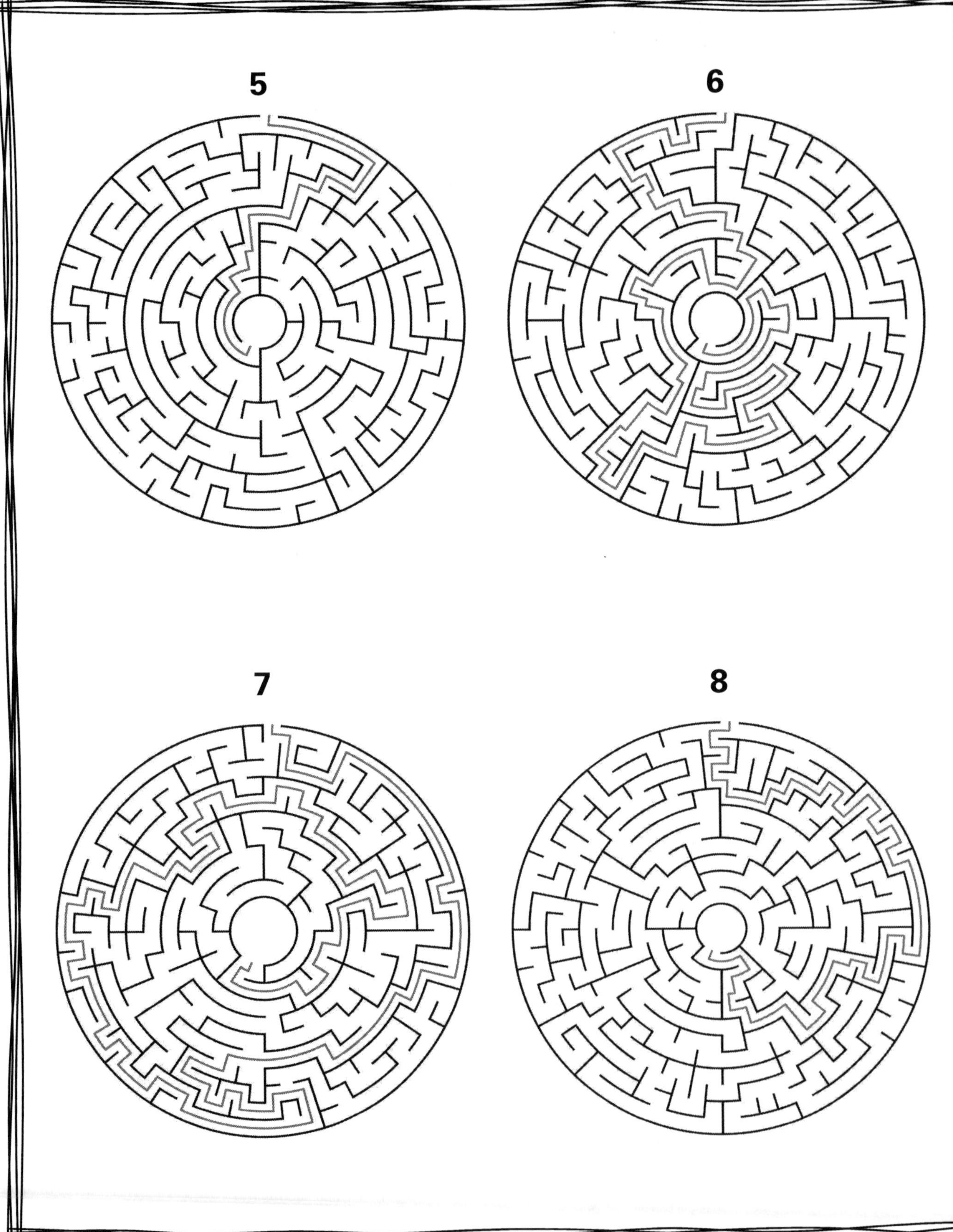
5
6
7
8

9
10
11
12

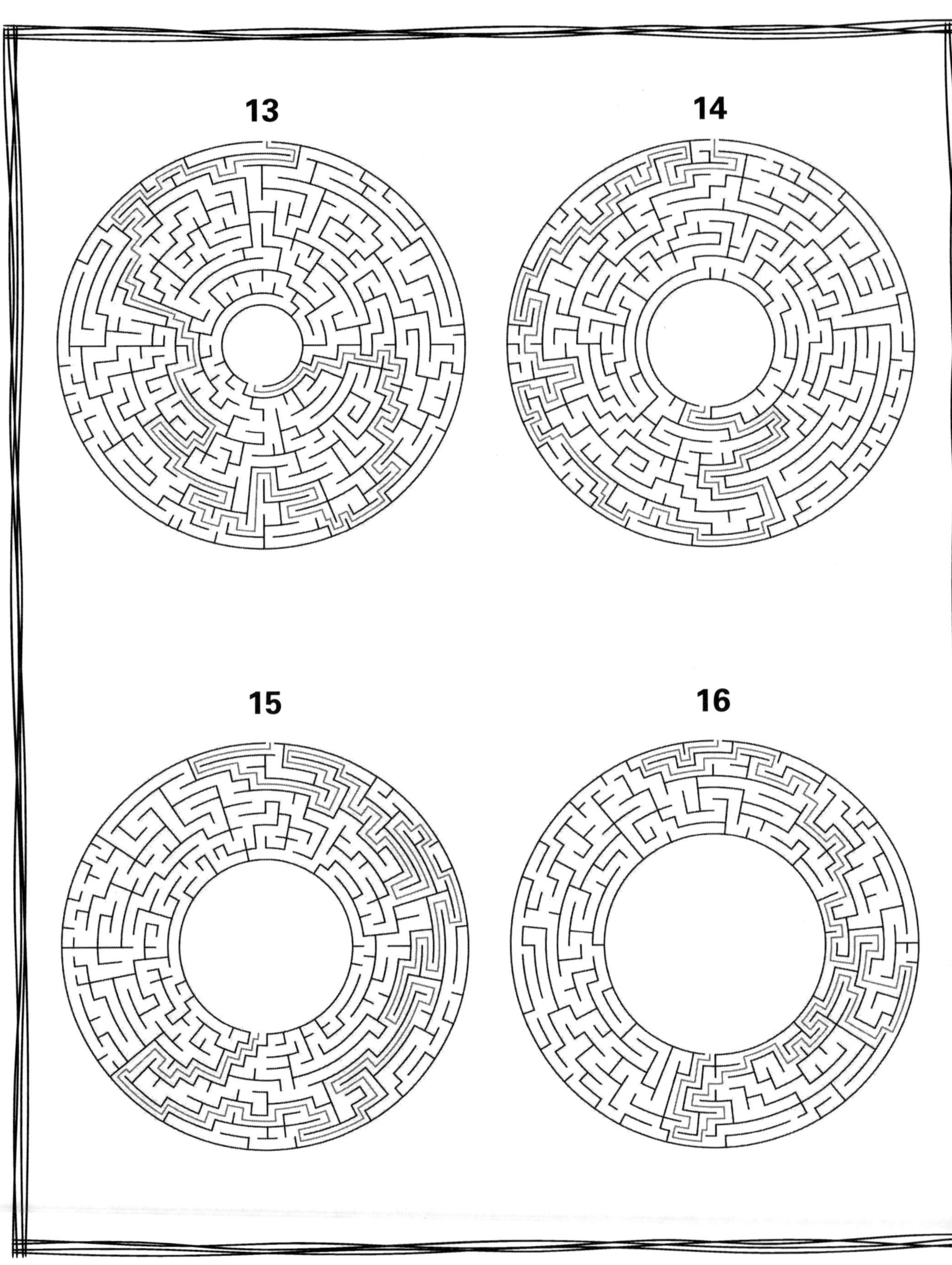

13
14
15
16

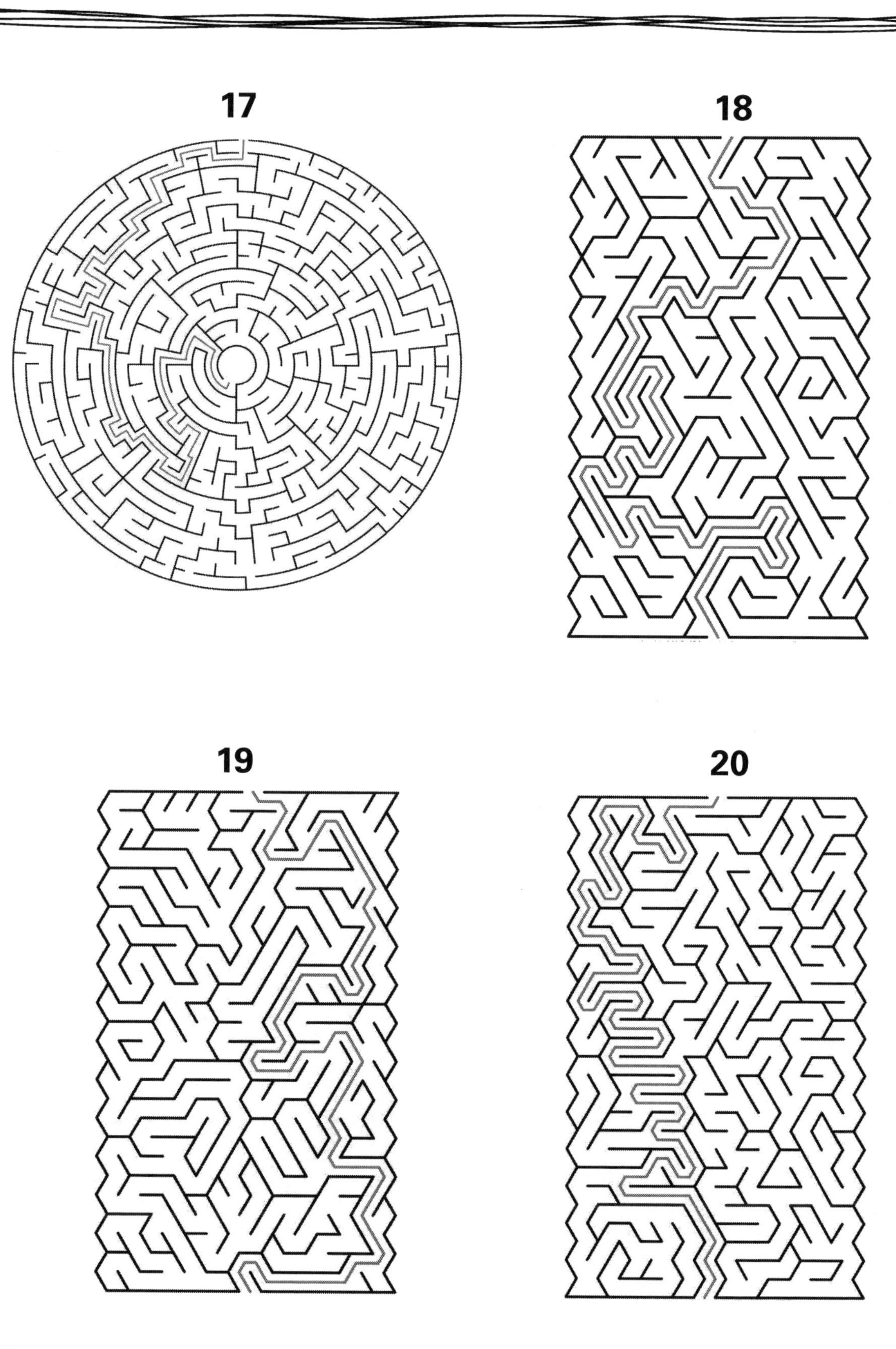

17
18
19
20

21

22

23

24

25

26

27

28

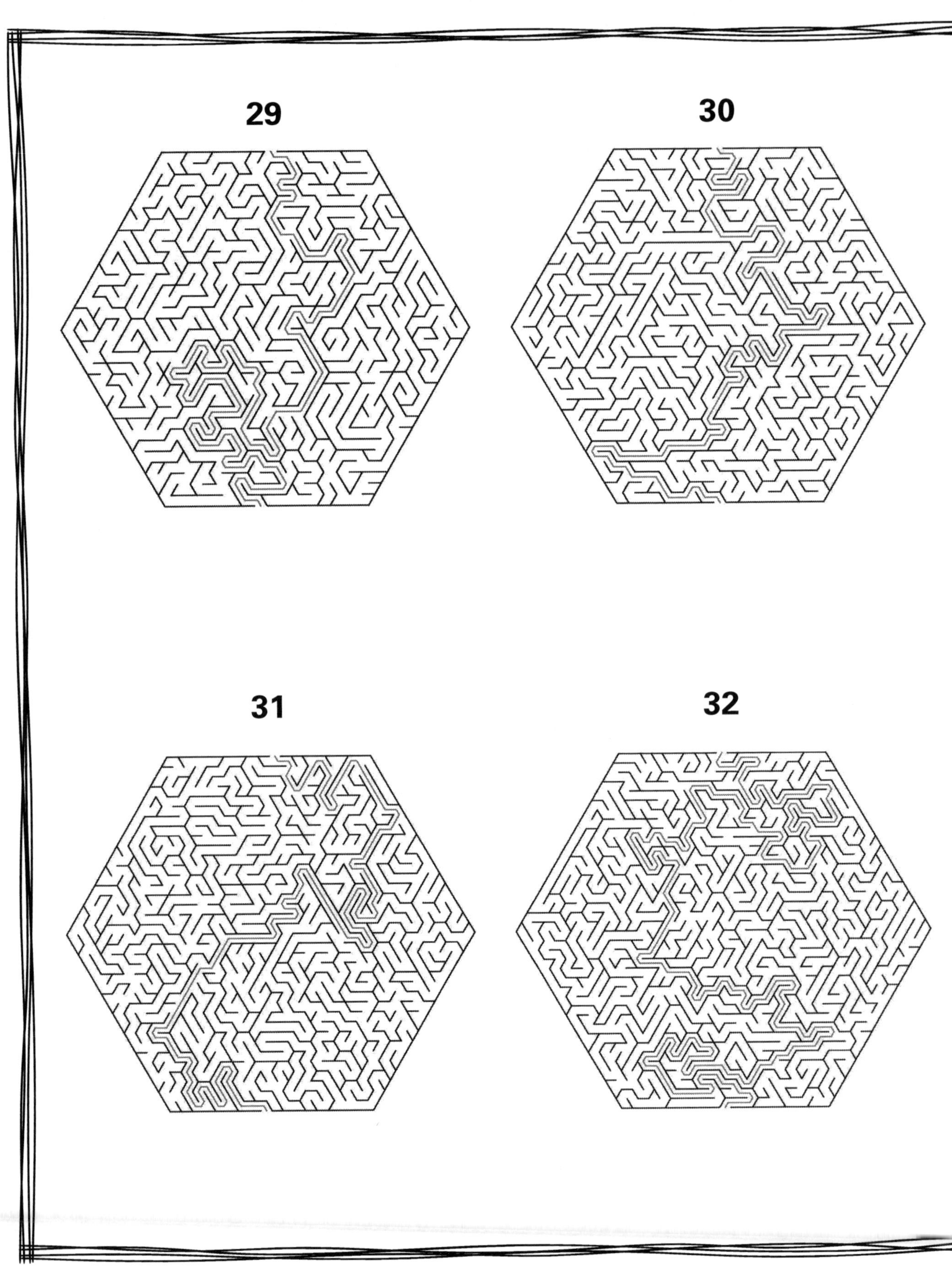

29

30

31

32

33

34

35

36

37

38

39

40

41

42

43

44

45

46

47

48

49

50

51

52

53

54

55

56

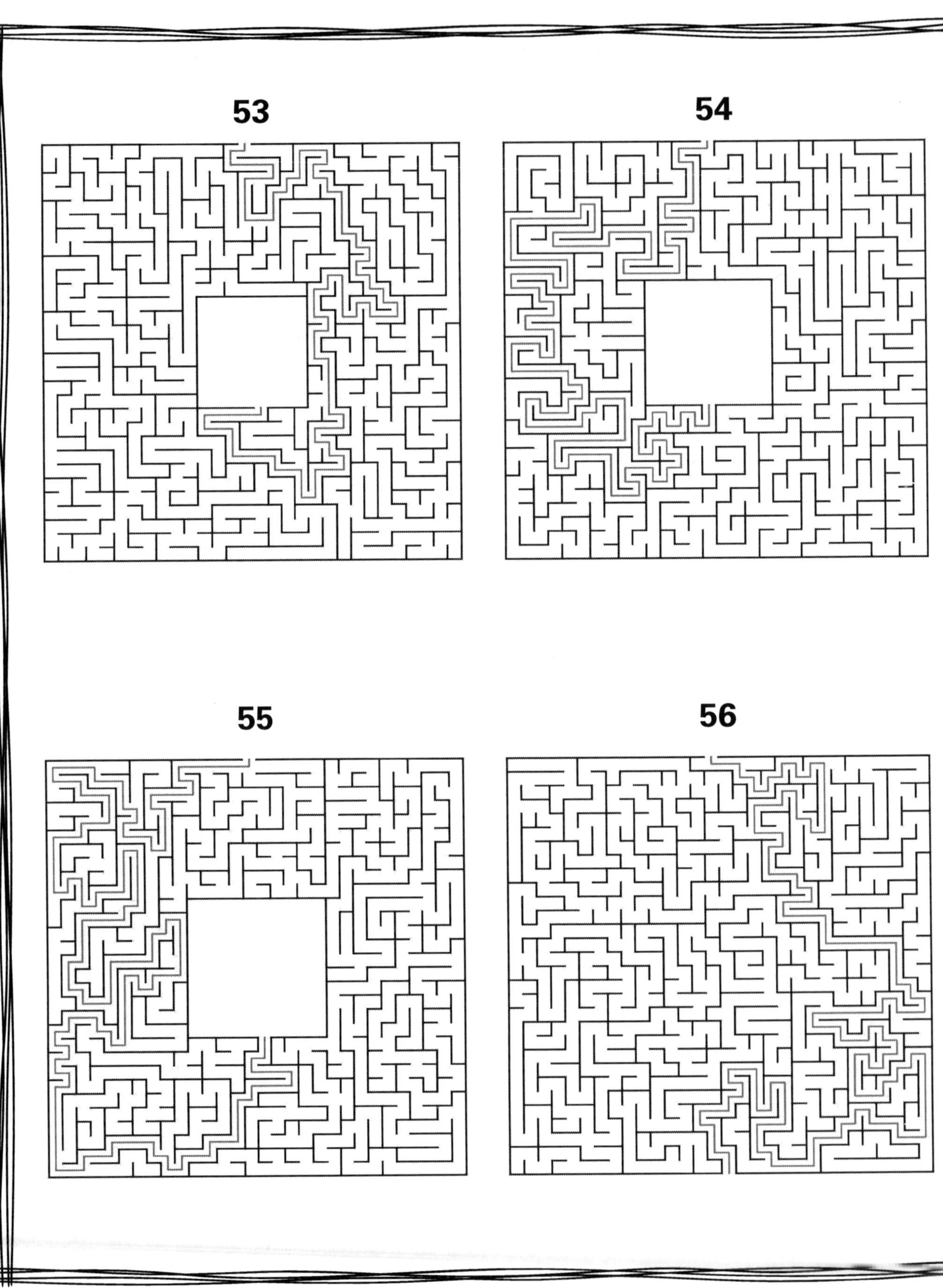

57

58

59

60

61

62

63

64

65

66

67

68

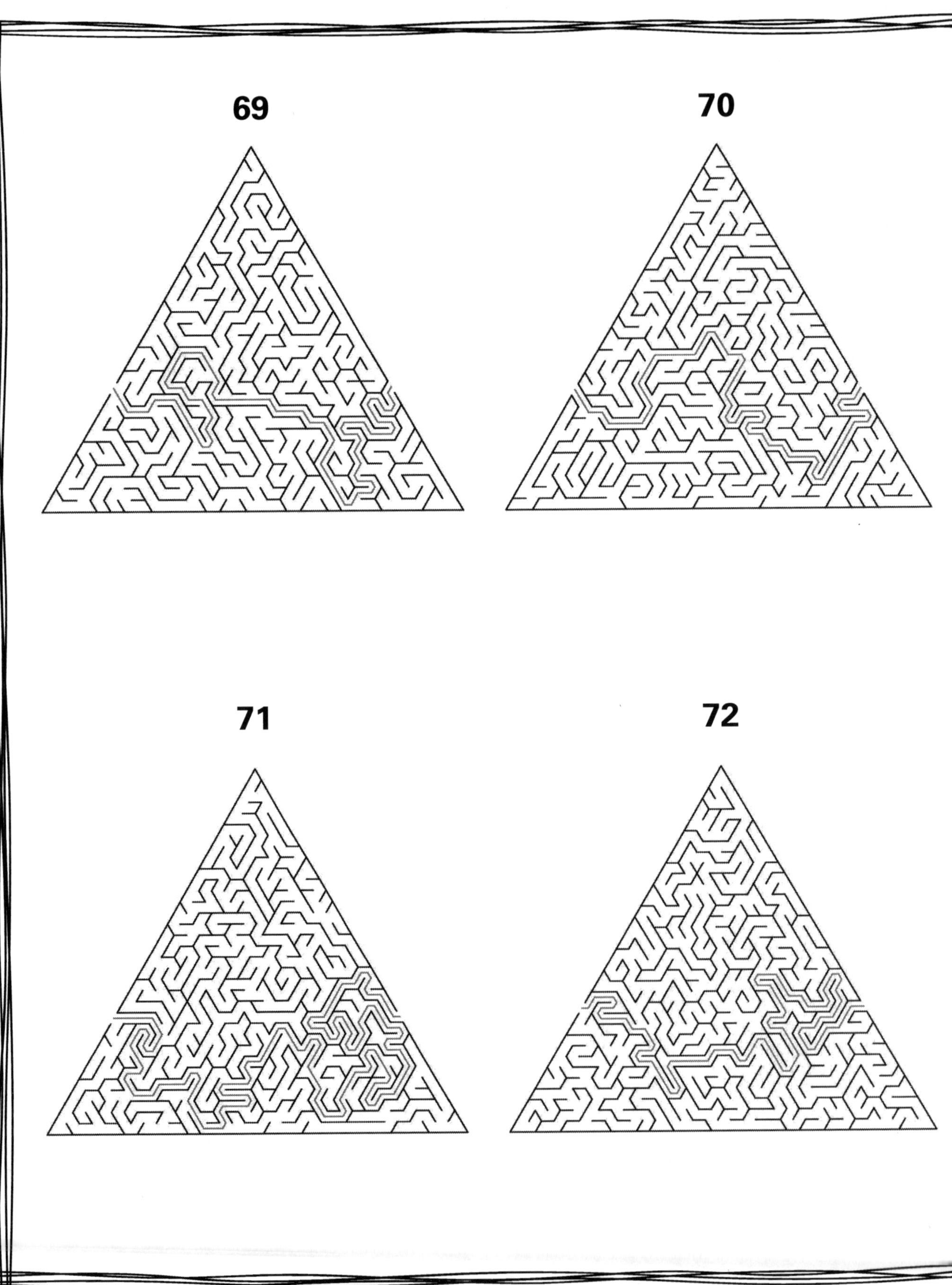

69
70
71
72

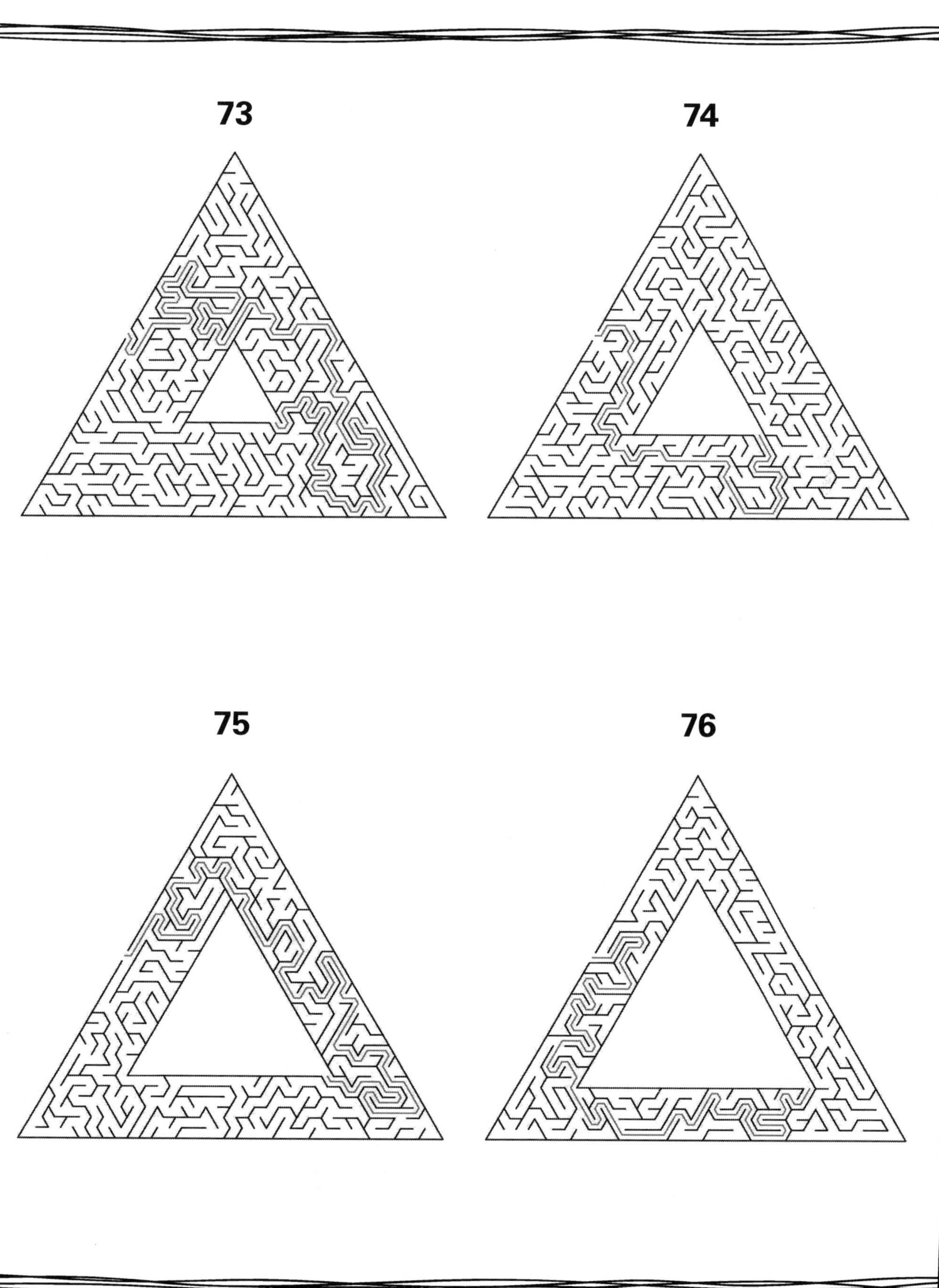
73
74
75
76

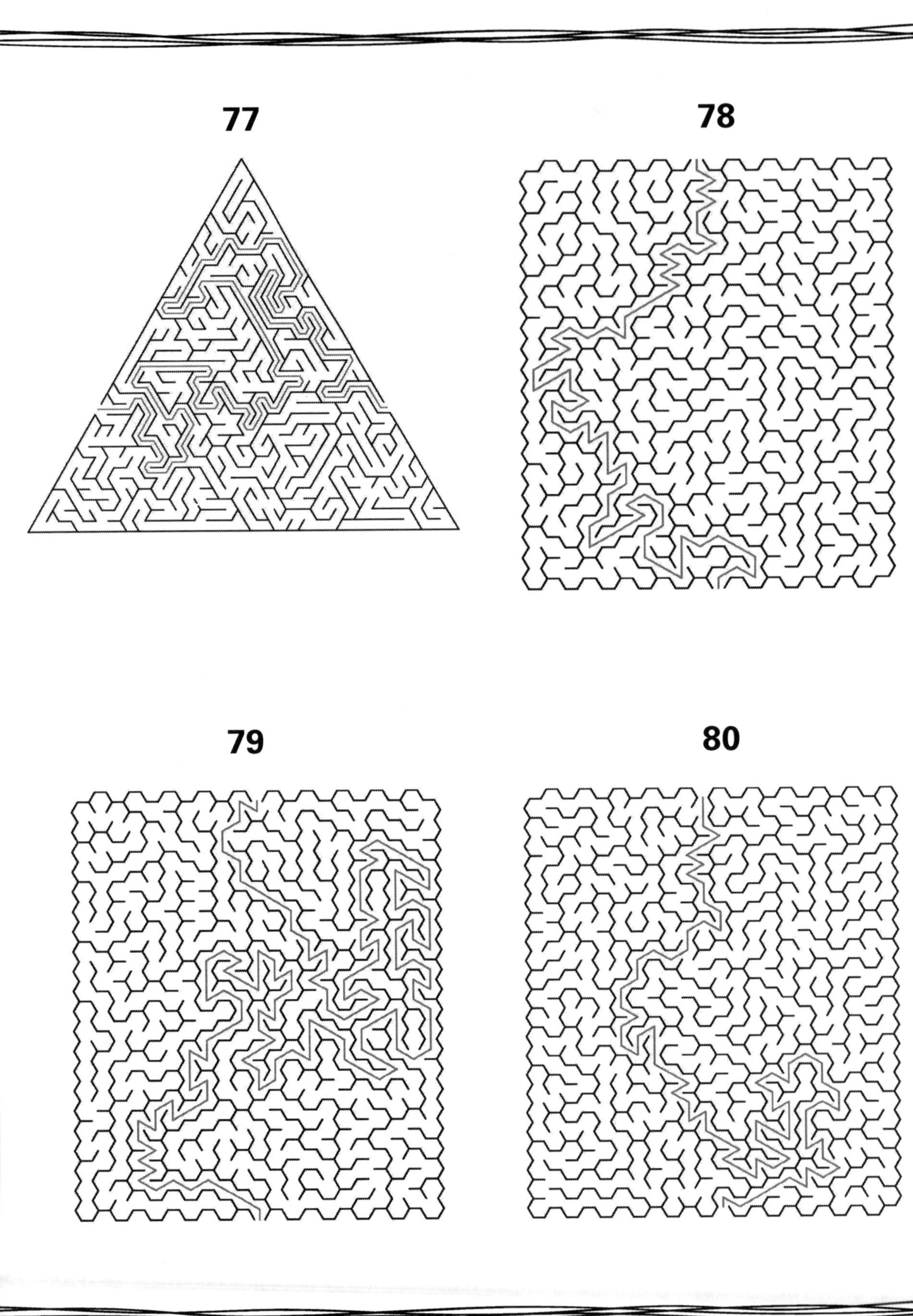

77
78
79
80

81

82

Made in the USA
Monee, IL
07 July 2026